Um circo no nevoeiro

Um circo no nevoeiro
Renata Correia Botelho

© Moinhos, 2020.
© Renata Correia Botelho, 2020.

Edição: Camila Araujo & Nathan Matos
Revisão: Nathan Matos
Diagramação e projeto gráfico: Editora Moinhos
Capa: Sérgio Ricardo

Nesta edição, respeitou-se a versão original do texto.

Dados Internacionais de Catalogação
na Publicação (CIP) de acordo com ISBD

T716a
Correia Botelho, Renata
Um circo no nevoeiro / Renata Correia Botelho.
Belo Horizonte, MG : Moinhos, 2019.
48 p. ; 12cm x 18cm.
ISBN: 978-65-5026-050-7
1. Literatura brasileira. 2. Poesia. I. Título.

2019-161
CDD 869.1
CDU 821.134.3(81)-1

Elaborado por Vagner Rodolfo da Silva – CRB-8/9410

Índice para catálogo sistemático:
1. Literatura brasileira : Poesia 869.1
2. Literatura brasileira : Poesia 821.134.3(81)-1

Todos os direitos desta edição reservados à
Editora Moinhos
editoramoinhos.com.br
contato@editoramoinhos.com.br

para o meu pai

*It is no night to drown in:
A full moon, river lapsing
Black beneath bland mirror-sheen*

Sylvia Plath

falhámos tudo: entregámos
os livros ao sepulcro
das estantes, ao amor

demos um colo de horas
certas, deixámos de abrir
janelas para cheirar a noite.

já nada nos lembra
que o poema só se forma
no fio da navalha.

lavrar o medo, despir-me
das palavras, chamar as gaivotas
na nossa linguagem secreta, ir

por aí, anoitecer,
fundir-me com as rosas.

as mãos medindo a palmo
o desejo, esse engano

fundo e breve
que alarga a noite.

era uma noite branca com um rio
dentro, ali afundámos os dias
contados, as roseiras do jardim,

duas ou três horas felizes
e outros erros.

trocávamos tudo por um sopro de outono.

palmilhamos a imensa
verdade do deserto, quantos ermos

ainda entre nós e a terra húmida?

contigo rima o grito
do vendaval nas searas

verso bravo, sibilado
o curvo eco da terra.

sempre em direcção à terra
a água procura nas ervas um coração

a bater, quase tudo
reduzido a pulso vegetal.

encosto a face à parede
mais triste do quarto, fiel
guardiã do sol posto.

o coração que me deixaste
é uma casa difícil de habitar.

antes de nós,
cedeu a casa

dois corpos húmidos no estendal
e um milhafre. esta noite

meu amor, choveu tanto.

guardas a chuva
na concha da mão,

colo de águas
daninhas

onde bebo
a nostalgia das marés.

um seixo em cada mão e o mar
às costas. a tua ausência será

um calendário de pedras.

as amoras caídas e os limos
subindo a encosta, este dia
mudo e a solidão

dos barcos que largam do porto
enquanto dormes.

entrávamos de frente no ponto
justo, voo em riste que abria,
letra a letra, os rumos do afago.

doía-nos sempre tanto
a lucidez dos pássaros.

para dizer de ti basta
a subida das marés,
uma rajada de vento norte,
a verdade a abrir-se
no descer da guilhotina.

ponho entre aspas o teu nome,
metáfora arisca,
tão inútil como um circo
no nevoeiro.

foi então nessa noite
que amanhecemos, a nossa
nudez delatada pela cotovia

e a janela a abrir-se
para os primeiros ventos.

vem, meu amor, traz contigo os lilases.
segue as pistas que te deixei
entre as pedras da memória.

vem guardar-nos do inverno.

meu, este lodo vazio
das tuas pegadas e o prenúncio
da tormenta. mais qualquer coisa
entre a culpa e a ilha.

o gato espia do telhado
a vida a partir
em cada comboio que passa,

o tempo que se arrasta
na dor metálica dos carris.

é feriado nas mãos
trago uma canção triste
e o teu rosto no bolso.

ler o teu rosto

é abrir um livro ao acaso
numa aflição.

esta mancha que cresce
baça pela parede e cobre
a sombra dos teus passos

será pó dos dias

ou pó da casa?

o incenso do quintal a romper
a pedra, sulcos que alastram
pela noite, pelo quarto
e vêm dizer-nos da aridez
do poema.

és o dia do pêndulo, o instante
rasurado, és a hora

em que vejo chegar o lobo
pensando que é cão de guarda.

hoje, que não voltaste
com a tarde, digo-te:
as palavras não compensam
o milagre de um rosto.

o vento agita as sombras
na minha mão, lança-me
vultos, um nome em chamas, versos
afiados contra os dedos.

sempre pressenti a distância mínima
entre o poema e o medo
de não saber regressar a casa.

quando ao longe a tua voz
me acena, e a fúria
do dia que nos pesa
se faz manhã clara,

reinvento todas as rimas
da primavera.

digo o teu corpo
poema, fruto silvestre

rascunho branco.

quando o espelho caiu
decifraste, incauto, o reflexo
do poema, nada ouviste
da minha voz que te avisava:

vai pesar.

o beijo lavava o sangue,
gota a gota, como seiva
de cicuta; a ínfima fenda
na maçã arrastava
a morte pela mesa: ácidas
as lembranças de quando vivíamos.

adio um passo a solidão
junto da ribeira, já nada me fala
das águas bravias do teu corpo
entrando em casa.

aguardo que o sol decline, lanço
esta sombra alongada de dedos
em busca do teu corpo no pomar.

o fim de tarde poupa-me caminho.

já ninguém nos toca à porta
a vender cerejas.

devíamos talvez lembrar
à terra o nosso nome

plantar sílabas frescas
que nos matem a sede

ter um pingo de esperança
na morte depois da vida.

o silêncio branco das aves

a fala, o riso, a água
destes dias emendados
pela tua boca.

os teus lábios hasteados
numa manhã de julho.

soalheira visão
da morte.

tu que viste fiordes e corais,
que chegaste das palavras
subterrâneas e do que fica

por dizer, que aprendeste o silêncio
em várias línguas e atiraste um dia
a moeda ao ar para enganar

a morte, quantos verbos
queres mais para percorrer
esta narrativa inútil?

Este livro foi composto em Merriweather, em pólen bold, enquanto Black Sabbath tocava *Planet Caravan*, em janeiro de 2020, para a Editora Moinhos.
*
O Brasil não vivia os seus melhores dias.